왜 이런 이름이 생겼을까?

글쓴이 박영산

말과 글, 소리와 글자의 관계를 늘 궁금해합니다. 노랫말을 쓰고, 노래를 부르고,
이야기를 만들고 읽으며 모든 것의 이름을 공부합니다.

그린이 이형진

전라북도 정읍에서 태어나 서울에서 그림 공부를 했습니다. 만화책과 이야기책을 좋아합니다.
만화 그리기도 좋아하고, 글쓰기도 좋아합니다. 《끝지》, 《비단치마》, 《흥부네 똥개》를 쓰고 그렸고,
《알고보니 시리즈》, 《코앞의 과학 시리즈》를 글도 조금 쓰고 그림도 그렸습니다.
관악산 아래 이층집에서 여러 명 가족과 고양이 모쬬도 함께 살고 있습니다.

왜 이런 이름이 생겼을까? 동물1

초판 1쇄 발행 2021년 12월 10일
글쓴이 박영산 | 그린이 이형진
사진 Hans Hillewaert(62쪽), Vmenkov(66쪽), 한국해양과학기술원 KIOST(72쪽), Σ64(76쪽)
펴낸이 홍성우 | 책임 편집 이정은 | 디자인 조은화
펴낸곳 기린미디어 | 등록 2016년 4월 26일 제 409-2016-000009호 | 제조국 대한민국 | 사용 연령 8세 이상
주소 경기도 김포시 모담공원로 17 | 전화 0505-302-2381 팩스 0505-300-2381 | 전자우편 girinmedia@daum.net

ISBN 979-11-91142-35-8 74700 979-11-91142-32-7(세트)

우리가 몰랐던 **동물** 이름의 유래

왜 이런 이름이 생겼을까?

박영산 글 이형진 그림

기린미디어

넌 이름이 뭐니?

우리가 어떤 친구를 처음 만났다고 해 봐. 그러면 서먹서먹해서 공연히 딴 곳을 쳐다보다가, 무슨 말을 할까 재빨리 머리를 굴리겠지? 그리고 얼른 이렇게 말할 거야.

"안녕, 넌 이름이 뭐니?"

우리가 어떤 물건을 처음 봤을 때도 비슷할 거야. 그 물건에 대해서 아는 것이 아무것도 없을 때, 우리는 '이름'부터 궁금해하잖아. 어떤 사물의 이름을 아는 것은 그 사물과 친해지는 첫걸음이야.

이 세상에는 헤아릴 수 없이 많은 것들이 있어. 사람, 동물, 식물, 음식, 나라……. 그리고 이 모든 것들은 저마다 이름이 있지. 이 책은 우리에게 익숙한 동물이나 식물, 지역 등의 이름에 대해 쉽고 재미있게 풀이하고 있어. 이 책을 읽다 보면 틀림없이 '발견의 놀라움'과 '앎의 기쁨'을 느끼게 될 거야.

어떤 사물의 이름이 어떻게 생겨났는지를 알면 그 사물에 대해 관심이 생기면서 좀 더 깊이 들여다보게 돼. 그리고 그 과정에서 그 사물과 다른 사물들의 관계도 보이게 되지. 그러다 보면 저절로 세상 모든 것에 대해 탐구심이 생겨나게 돼.

그러니까 '이름 공부'는 곧 '말 공부'고, '말 공부'는 곧 '국어 공부'야. 그런데 생각해 봐. 우리가 학교에서 배우는 과목 중에 '말' 그러니까 '국어'로 되어 있지 않은 것이 있어? '국어'는 단순히 여러 과목 중의 하나가 아니야. 다른 모든 과목을 떠받치는 바탕이지.

자, 그럼 우리 다 같이 흥미진진한 '이름의 세계'로 모험을 떠나 볼까?

차 례

짖어 봐, 강강! .... 개 8

골골골, 너무 좋아! .... 고양이 18

마음껏 울어 보자, 개굴개굴! .... 개구리 26

나를 찾아봐, 곳골 곳골! .... 꾀꼬리 33

너희는 손? 나는 코! .... 코끼리 38

땅 좀 뒤져 보자! .... 두더지 44

검어서 거미라고? .... 거미 48

사실, 나는 '말'이야 ········ 말미잘 55

나는 가로로 잔다! ········ 가자미 60

나도 넓적하거든 ········ 넙치 63

칼이 움직인다고? ········ 갈치 67

뚝심 있게 버텨야지! ········ 뚝지 70

내가 농담을 잘한다고? ········ 농어 73

짖어 봐, 강강!

'강강' 짖어서 '개'

개는 사람과 참 친한 동물이야. 길에서도 흔히 볼 수 있고, 집에서 기르며 가족처럼 지내는 친구들도 있을 거야. 개는 멍멍 짖고 꼬리도 살랑살랑 흔들면서 사람을 잘 따라.

그런데 개는 이름이 왜 '개'일까?

"개니까 개지." 하고 말 수도 있지만, 곰곰이 한번 생각해 보자.

우선 개가 짖는 소리를 들어 봐. 개는 '캉캉', '강강', '겅겅', '멍멍' 짖어. 바로 이 짖는 소리를 듣고 옛날 사람들이 '개'라고 이름을 붙인 거야. '멍멍' 짖으니까 '멍멍이'라고도 부르지.

옛날에는 개를 '가히'나 가이'라고 불렀어. '가히'나 '가이'는 '겅겅, 강강 짖는 이'라는 뜻이야. 이 이름이 줄어들어 '개'가 된 거지.

이렇게 동물 이름 중에는 그 동물이 내는 소리를 따라서 지은 이름이
참 많아.

어린 동물은 '아지'

그러면 어린 개를 가리키는 '강아지'는 왜 '강아지'라고 했을까?
옛날부터 우리 조상들은 어린 짐승을 부를 때 이름 뒤에 '아지'라는
말을 붙여서 불러 왔어. 소의 새끼를 '송아지', 말의 새끼를 '망아지'
라고 부르잖아. 그래서 개의 새끼도 뒤에 '아지'를 붙여서 부른 거지.
'강아지'는 개의 옛말인 '가히'에 관형격 조사와 '아지'가 붙어서 생긴
말이야.

우리나라 토종개들

진돗개는 천연기념물 53호인 우리나라 토종개야. 충성심이 매우 강해서, 첫 정을 준 주인만을 따른다고 해. 다 자란 뒤에 다른 곳으로 팔려 가면 아주 멀리 떨어진 곳까지 옛 주인을 찾아오기도 해. 용감하고 사냥을 참 잘해서, 옛날 진도에서는 총이나 사냥 도구 없이 진돗개만 데리고서 꿩이나 노루, 산토끼 따위를 잡기도 했대.

우리나라의 또 다른 자랑인 풍산개는 함경남도 풍산에서 자라 온 토종개야. 추운 곳에서도 잘 살 수 있도록 털이 두 겹으로 나 있지. 다 자라면 진돗개보다 크고, '호랑이 잡는 개'라는 별명이 붙을 만큼 용맹하고 날쌔다고 해.

삽사리라고도 부르는 삽살개는 귀신을 쫓는 개로 널리 알려져 있어

서 옛날에는 집집마다 문 앞이나 마당에 두고 길렀어. '삽'은 없앤다
는 뜻이고, '살'은 귀신이나 나쁜 기운을 뜻해. 영리하고, 한번 싸우
면 끝까지 물러서지 않아서 집 지키는 개로 많이 길렀어. 경주에는
김유신 장군이 삽사리를 데리고 다녔다는 이야기가 전해 오고, 조선
시대의 이름난 화가 김홍도나 장승업이 그린 그림에도 삽사리가 나와.
'삽사리'라는 이름을 삽사리의 겉모습에서 생겨난 것으로 보아 '털이
정말 많은 개'라는 뜻으로 풀이하기도 해. 천연기념물 368호야.

사람과 친한 동물

개는 사람이 1만 5천 년 전쯤부터 기른 동물로, 온 세계에 300여 종
이 있어. 보통 12~16년쯤 살지.

개는 사람을 아주 잘 따르는 동물이야. 그래서 가족처럼 사람과 함께
살아. 성질이 온순하고 영리한 데다 냄새를 잘 맡고 귀와 눈이 밝아서
집을 잘 지키지. 또 사냥할 때 데리고 다니거나 군대에서 부리기도 해.
개는 양 떼를 몰고, 사냥을 돕고, 썰매를 끌기도 하면서 오랜 옛날부
터 사람과 함께 살아왔어. 우리 겨레하고도 아주 오래전부터 친한 동
물이야. 그래서 우리나라 속담에는 개가 자주 나오지.

개와 고양이의 보물 찾기

옛날에 가난한 할아버지와 할머니가 개와 고양이를 자식처럼 키우며 정답게 살고 있었어. 어느 날 할아버지가 일하러 가다가 동네 아이들에게 붙잡혀 꼼짝없이 죽게 생긴 자라를 보았지. 불쌍히 여긴 할아버지는 아이들에게 자라를 사서 바다에 놓아 주었어.

다음 날, 일하러 밭에 나가던 할아버지에게 한 초립둥이가 다가와서는 수없이 머리를 숙이며 고마워했어.

"할아버지, 저는 어제 할아버지가 구해 주신 자라예요. 사실 저는 용왕의 아들이랍니다. 바깥세상이 하도 궁금해서 자라로 변해 구경 나왔다가 그만 아이들에게 붙잡히고 말았지요. 할아버지가 아니었으면 정말 큰일 날 뻔했어요. 정말 고맙습니다. 아버지께 말씀을 드렸더니 크게 기뻐하시며 어르신을 모셔 오라고 하셨습니다."

이야기를 들은 할아버지는 별일 아니라고 했지만, 초립둥이가 함께 가자고 계속 조르자 마지못해 따라나섰어. 바닷가에 이르자 초립둥이는 자라로 변해 할아버지를 등에 태우고 깊은 바다로 들어갔지. 용궁에 닿을 무렵, 자라가 할아버지에게 이렇게 말했어.

"제 아버지가 소원을 물으실 겁니다. 그럼 다른 것 말고 연적 하나만 달라고 하세요. 꼭 그러셔야 해요."

용왕은 할아버지를 보자 무척 기뻐하며 큰 잔치를 열어 주었어. 눈이 휘둥그레진 할아버지는 맛있는 음식을 마음껏 먹었지. 잔치가 끝날 무렵, 용왕은 아들을 구해 준 은인에게 선물을 주려고 소원을 물었어. 그러자 할아버지는 자라가 시킨 대로 말했어.

"다른 것은 두고, 연적 하나만 주시오."

용왕은 놀라면서, 연적은 못 주니 다른 것을 말하라고 했어. 하지만 할아버지는 도리질을 치며 한사코 연적을 달라고 했지. 아들의 목숨을 구해 준 사람이 원하는 것이라 용왕은 마지못해 연적을 꺼내 주었어. 할아버지는 몰랐지만, 그 연적은 말만 하면 뭐든 쏟아 내는 도깨비방망이 같은 보물이었어. 연적을 받아 들고 돌아온 할아버지는 큰 부자가 되었지.

할아버지와 할머니가 그렇게 행복하게 살던 어느 날, 소문을 듣고 찾아온 방물장수가 연적을 훔쳐 가고 말았어. 할아버지와 할머니는 크게 실망했고, 다시 점점

가난해졌지.

그런데 할아버지와 할머니는 집에 개와 고양이를 한 마리씩 키우고 있었어. 자식처럼 보살펴 주던 두 사람이 슬퍼하는 것을 보다 못한 개와 고양이는 도둑맞은 연적을 찾아 나섰어.

하지만 아무리 돌아다녀도 방물장수는 보이지 않았고, 지친 채 어느 곳간에 들어가 잠을 청하려 했어. 마침 곳간에서는 수백 마리의 쥐들이 모여 무언가 이야기를 하고 있었지.

개와 고양이는 냉큼 달려들어 쥐들의 우두머리를 붙잡고 말했어.

"이 녀석을 살리고 싶으면 너희들이 할 일이 있다. 연적을 하나 찾아와야 해."

개와 고양이는 연적의 색깔과 생김새, 크기를 쥐들에게 알려 주고 찾아오라고 했어. 수많은 쥐들은 금세 여기저기 흩어져 연적을 찾아다녔지. 마침내 방물장수의 집까지 들어

간 쥐들이 연적을 찾아왔어.

고양이와 개는 신이 나서 연적을 받아들고 집으로 뛰어갔어. 한참 가
다 보니 넓은 강물이 길을 가로막고 있는 거야. 헤엄을 칠 줄 아는 개
가 고양이를 태우고, 고양이는 연적을 입에 문 채 강을 건너기로 했어.
개는 헤엄을 치느라 숨이 가쁘면서도 고양이가 연적을 잘 물고 있는
지 계속 궁금했어.

"물고 있어?"

"……."

"잘 물고 있어?"

"……."

기다려도 고양이는
말이 없었어.
답답한 개가 더 큰 소리로
물었지.

“잘 물고 있냐고! 왜 말이 없어. 빠뜨린 거 아니야?”

“잘 물고 있어!”

마침내 고양이가 입을 열자, ‘풍덩!’ 하고 연적이 강물에 빠져 버렸어. 개가 자꾸 물어봐도 연적을 물고 있느라 대답을 할 수 없었던 고양이가 답답해서 입을 여는 순간 그만 연적을 놓쳐 버린 거야.

개와 고양이는 서로 탓하며 크게 싸웠어. 화가 난 개는 먼저 집으로 와 버렸고, 고양이는 혹시나 해서 물가를 이리저리 둘러보았어. 그러다가 저쪽에 숭어 한 마리가 죽어 있는 것을 보았고, 배가 고팠던 고양이는 숭어를 잡아먹었어.

먹다 보니 숭어 배 속에 있던 딱딱한 것이 씹혔어. 꺼내 보니 바로 보물 연적이었지 뭐야? 연적을 먹이인 줄 알고 삼켰다가 죽은 거였어.

고양이는 연적을 물고 돌아왔고, 할아버지와 할머니는 크게 기뻐하며 고양이를 전보다 더욱 예뻐했어.

찬밥 신세가 되고 만 개는 억울하고 분했어. 함께 고생해서 연적을 찾았는데 고양이 혼자 칭찬을 받게 되었으니까. 이때부터 개는 고양이만 보면 혼내 주려고 으르렁거리며 뒤쫓게 된 거야.

개밥에 도토리

개밥에 도토리를 넣어 주면 다른 것만 골라 먹으면서 도토리는 이리저리 밀어 두고 먹지를 않아. 이처럼 다른 사람들이 받아 주지 않아서 함께 어울리지 못하는 사람이나 그런 상황을 가리키는 속담이야.

하룻강아지 범 무서운 줄 모른다

철없이 함부로 덤비는 경우를 빗대어 이르는 말이야. 이 속담에서 '하룻강아지'는 '하릅강아지'라는 말이 변한 거야. '하릅'은 태어난 지 1년 된 동물을 이르는 말이지. 즉, '하룻강아지'는 한 살짜리 강아지를 말하는 거야.

똥 묻은 개가 겨 묻은 개 나무란다

자기는 더 큰 흉이 있으면서 도리어 남의 작은 흉을 보는 사람에게 이런 속담을 써서 꼬집어 주는 거야. 그런데 '겨'가 뭔지 알고 있니? '겨'란 벼, 보리, 조 따위의 곡식을 찧어서 벗겨 낸 껍질을 통틀어 이르는 말이야.

개

- **다른 이름** : 견, 구, 가이, 가생이, 공공이, 즈즐페 등
- **갈래** : 식육목 갯과
- **생김새** : 큰 개는 어깨 높이가 90센티미터나 되지만, 13센티미터 밖에 되지 않는 개도 있다. 털도 긴 것과 짧은 것이 있고, 색깔도 여러 가지이다. 발가락은 앞발에 다섯 개, 뒷발에 네 개가 있다.
- **먹이** : 가리는 먹이는 별로 없으나 원래는 고기를 주로 먹는다.
- **특성** : 피부에 땀샘이 없기 때문에 혀를 내밀어 침을 흘려서 체온을 맞춘다.

골골골, 너무 좋아!

개만큼 친숙해

고양이는 개만큼이나 사람과 가까운 동물이야. '고양이'라는 이름도 이 귀여운 동물이 내는 소리하고 관련이 있어.

고양이가 내는 어떤 소리를 듣고 이름 붙인 걸까? '야옹야옹' 우니까 '야옹이'라고 귀엽게 부르기도 하지만, '고양이'라는 이름은 우는 소리를 듣고 붙인 이름이 아니야.

가만히 귀 기울여 들어 보면, 고양이는 기분이 좋을 때나 잠을 잘 때 '골골, 골골' 소리를 내. 바로 이 소리에서 비롯된 이름이라고 해. 그 러니까 '고양이'라는 이름은 '골골 소리를 내는 이'라는 뜻이지.

옛날에는 고양이를 '고이'라고 불렀어. 나중에 이 이름이 줄어들어 '괴'가 되었고, 시간이 더 흘러 '괴'에 '앙'이 덧붙어 생긴 이름이라고 해.' 괴앙이'로 부르다가 '고양이'가 된 거지.

아니면, 함경남도 사투리에 '고양'이라는 말이 있는데 여기에 '이'를 붙여 '고양이'라고 부른 것일 수도 있어.

고대 이집트 벽화에 고양이가?

고양이의 조상은 북아프리카에 살던 리비아살쾡이라고 해. 1만 년 전 쯤 이것들이 사람들 가까이에 살기 시작하면서 지금의 고양이가 되 었대.

고양이는 겉으로는 온순해 보이지만 성질이 사나운 것도 많아. 옛 습 성이 살아 있어서 발톱을 숨기고 있는 데다, 앞발과 뒷발 바닥에 연 한 살집이 있어서 소리를 내지 않고 걸을 수 있기 때문에 언제나 사 냥을 준비하고 있다고 볼 수 있어. 또 뒷발이 앞발보다 더 길어서 뛰는 힘이 강하기 때문에 쥐나 작은 새를 사냥하기에 안성맞춤이지. 얼굴에 난 기다란 수염은 더듬이 노릇을 해. 어두운 곳에서 길을 찾을 때 다치지 않게 몸을 보호하고, 바람이 어디서 부는지도 알아내지. 또 눈동자는 낮에는 좁아지고 밤에는 둥글고 크게 되어 어두운 곳에서도 잘 볼 수 있어.

고양이는 오랫동안 사람들에게 사랑받아 온 동물이야. 고대 이집트의 벽화에는 고양이를 새 사냥에 이용하는 그림도 있어. 한국, 중국, 일본에서는 십이지에 들어 있지 않지만 태국과 베트남에서는 십이지 가운데 하나야.

고양이의 종류

공식적으로 인정받은 고양이 품종은 70여 종 정도야. 고양이는 보통 털 길이에 따라서 나누지. 털이 긴 고양이로는 페르시안, 스코티시폴드, 노르웨이숲, 터키시앙고라 등이 있고, 털이 짧은 것으로는 샴, 뱅갈, 아비시니안, 버미즈, 맹크스, 러시안블루, 브리티시쇼트헤어 등이 있어. 스핑크스는 털이 없어 보이지만 매우 짧고 부드러운 털이 나 있는 고양이이고, 맹크스는 꼬리가 없거나 짧은 고양이야.

원한을 품은 고양이

옛날 어느 부잣집에 삼대독자가 태어났어. 아이가 잘 자라 열두어 살 쯤 되었을 때, 밥을 얻어먹으러 온 스님이 아이를 보고 걱정 어린 얼굴로 말했어.

"이 아이에게 앞으로 큰일이 닥치겠구나."

이 말을 들은 부자는 깜짝 놀라 스님에게 그게 무슨 말인지 물었어.

"혹시, 예전에 고양이를 키우셨는지요."

"네. 있지요. 한 10년 먹이다가, 하루는 자꾸 밥상머리에서 음식을

탐하기에 담뱃대로 툭, 한 대 쳤더니 그 자리에서 픽 고꾸라
져 죽었지요. 놀라서 어찌할까 하다가 집 뒤 대나무밭에 던져 버
린 일이 있기는 한데…."
"그 고양이가 살아나 원수를 갚으려 합니다. 아드님한테 해코지를
하려고 벼르고 있습니다."
부자는 더욱 놀라서 어떻게 해야 하는지 물었어.
"내일 압록강 근처에 가면 100살 먹은 할머니가 강아지 세 마리를 팔
겁니다. 그러면 아무 소리 말고 강아지 한 마리에 송아지 한 마리씩 주
고 사십시오. 그런 뒤에 잘 먹여서 사립문, 마당 가운데 그리고 마루 밑
에 한 마리씩 두십시오. 그 개들이 아니면 고양이를 잡을 수 없습니다."
부자는 스님이 이른 대로 압록강가에 가서 100살 먹은 할머니에게
강아지 세 마리를 사 와서 잘 먹였어.
한 달 뒤, 스님이 다시 찾아와 일렀어.
"오늘부터 사흘 동안 개들에게 소를 한 마리씩 먹여야 합니다. 그렇
게 해서 힘을 바짝 올려 두세요. 사흘 뒤에 제가 다시 오지요."
부자는 스님이 시킨 대로 소를 잡아 먹였어. 얼마나 먹었던지,
개들이 송아지만 해졌지.

사흘 뒤 다시 찾아온 스님은 오늘 밤에 고양이가 나타날 것
이라고 알려 주었어. 깊은 밤이 되자 부자는 숨을 죽인 채

문에 구멍을 뚫고 지켜보았어. 한참을 그렇게 보고 있으니, 건너 산에서 조그만 불덩이가 나타났어. 불덩이는 점점 커지며 다가오더니 이윽고 사립문 앞까지 왔지.

사립문을 지키던 개가 불덩이와 뒤엉켜 싸우기 시작했어. 개는 얼마 버티지 못하고 쓰러졌어. 마당까지 온 불덩이와 다른 개가 싸웠으나 이 개도 쓰러지고 말았지. 불덩이는 부자가 있는 방 마루까지 왔어. 마루 밑을 지키던 개가 뛰어나와 달려들었지. 지켜보던 부자와 식구들은 애가 바싹바싹 탔어.

마지막 개도 힘에 부쳐 쓰러지려 할 때, 사립문과 마당에 쓰러져 있던 개들이 일어나 달려들었어. 세 마리 개와 커다란 불덩이가 뒤엉켜 한참을 싸웠지. 마침내 불덩이가 점점 수그러들더니 고양이 한 마리가 나자빠졌어.

부자와 식구들은 혹시 고양이가 다시 일어날까 봐 무서워서 밤새 밖에 나오질 못했어. 날이 밝아 밖으로 나와 보니, 개 세 마리와 고양이가 모두 죽어 있었지. 부자는 고양이는 불살라 버리고 개들은 묘를 지어 묻어 주었어. 그 뒤 삼대독자 아들은 오랫동안 별 탈 없이 잘 살았대.

고양이 목에 방울 달기

어느 날. 고양이에게 잡아먹힐까 봐 무서워하던 쥐들이 모여 궁리를 했어. "어떻게 하면 고양이가 몰래 다가와 우릴 잡아먹는 걸 피할 수 있을까?" 다들 고민하다가 한 쥐가 갑자기 소리쳤어. "고양이 목에 방울을 달자! 고양이가 가까이 오면 소리가 나니까 우린 미리 피할 수 있을 거야." "맞다. 맞아. 그러면 되겠다!" 하고 다들 감탄했지. 그러다. 좋아하던 쥐 가운데 하나가 불쑥 말했어. "그런데 누가 고양이 목에 방울을 달지?" 쥐들은 다들 아무 말 못 하고 고개만 숙였대.
'고양이 목에 방울 달기'는 어떤 일을 하면 참 좋겠지만 도무지 그 일을 할 수 없을 때를 두고 하는 말이야.

고양이 세수하듯 한다

남이 하는 것을 흉내만 내고 그치거나. 세수를 하되 콧등에 물만 묻히듯 대충 하는 것을 두고 이르는 말이야. 고양이가 얼굴을 앞발로 대충 쓱쓱 문질러서 닦는 모습이 떠오르지?

고양이

- **다른 이름** : 괭이, 귀앵이, 새끼미, 고내이, 고내기 등
- **갈래** : 식육목 고양잇과
- **생김새** : 몸길이는 30~60센티미터쯤 되고,
  꼬리 길이는 20~40센티미터쯤 된다.
- **먹이** : 쥐, 물고기, 새, 개구리
- **특성** : 혀에 가시 같은 돌기가 있어 고기를 발라 먹기에 알맞다.

마음껏 울어 보자, 개굴개굴!

한여름 밤에 들려오는 소리

도시를 벗어난 한적한 시골에서는 한여름 밤이면 '개굴개굴' 개구리 우는 소리가 들려와. 어디서 우는지 보이지도 않는데 무척 시끄럽게 울지. '개굴개굴 개굴개굴….'

개구리라는 이름이 어떻게 생겨났는지에 대해서는 크게 두 가지 설명이 있어.

첫째는, '개굴개굴' 울어서 '개구리'라고 했대. 옛날엔 '개고리'라고 불렀어. 가만 들어 보면 '개굴개굴' 우는 것 같기도 하고, '개골개골' 우는 것 같기도 하거든.

더 먼 옛날에는 개구리를 '머구리'라고도 불렀어. 개구리가 '머굴머굴' 울어서 붙인 이름이라는데, 뭐, 사람마다 듣는 게 다르겠지?

다른 하나는, '개'와 '구리'가 합쳐진 말이라는 거야. '구리'는 '멍텅구리'나 '너구리'처럼 사람이나 동물의 이름 뒤에 붙는 말이고, '개'는 '갯가', '개울', '갯벌' 같은 말에서 보듯 물을 뜻한대. 즉, 개구리는 '물에 사는 동물'이란 뜻인 거지. '머구리'라는 옛말에서도 '구리'는 동물을 뜻하고 '머'는 '개'처럼 물을 뜻한대. 뜻은 같아. '올챙이' 역시 '올'과 '쟁이'로 나뉘는데, '쟁이'는 '소금쟁이', '쑥부쟁이'처럼 사람이나 동물을 가리킬 때 쓰는 말이고, '올'은 물을 뜻한다고 해.
양쪽 설명이 다 그럴듯하지? 개구리를 부르는 말로는 '깨구리', '개구락지', '개구래기', '개굴때기' 같은 사투리 이름도 많아.

봄과 함께 깨어나는 개구리

개구리는 물과 뭍에서 다 살 수 있는데, 땅에서는 아랫눈꺼풀이 처져
있다가 물속에서는 눈을 덮어. 허파뿐만 아니라 피부로도 숨을 쉬고,
뒷발에는 물갈퀴가 있어서 헤엄도 잘 치지. 피부는 털이나 비늘이 없
어서 매끈하고 언제나 젖어 있어.

수컷은 볼이나 턱 밑에 있는 울음주머니를 부풀려서 소리를 내는데,
개구리마다 크기도 다르고 높낮이도 다른 소리를 내서 암컷을 부른
다고 해. 암컷은 대개 크고 높은 소리를 내는 수컷을 좋아한다지?

개구리들은 추워지면 땅속에 들어가 겨울잠을 자고, 봄이 되면 다시
나와 알을 낳아. 봄부터 여름까지 논이나 웅덩이에 알을 한데 뭉쳐서

낳아 놓는데, 부화한 알은 올챙이를 거쳐 개구리가 돼. 올챙이는 아가미로 호흡하고 꼬리가 달렸지만, 다리가 생기면서 꼬리가 점점 없어져. 아가미와 꼬리가 완전히 없어지면 땅으로 올라오는 거야.

황소개구리와 청개구리

'황소개구리'는 황소 같은 소리로 운다고 해서 붙인 이름이야. 목 아래 커다란 울음주머니가 있어서 울음소리가 크지. 게다가 보통 개구리보다 훨씬 크고 황소처럼 먹성도 좋아서 다른 개구리나 뱀까지 잡아먹기도 해. 닥치는 대로 먹어 버려서 농촌에서는 꽤나 골칫거리래. '청개구리'는 말 그대로 몸이 푸른빛을 띠어서 붙은 이름이야.

청개구리의 후회

옛날에 청개구리가 엄마 개구리와 함께 살고 있었어. 그런데 이 청개

구리는 엄마 말을 전혀 듣지 않고, 오히려 뭐든지 거꾸로 했지. 왼쪽

으로 가라면 오른쪽으로 가고, 산으로 가라면 냇가로 가곤 했어.

그렇게 지내다가, 나이가 든 엄마가 숨을 거두며 말했어.

"내가 죽으면 맞은편 냇가에 묻어다오."

이렇게 말해 놓으면 청개구리가 반대로

산에다 묻어 주리라 생각했거든.

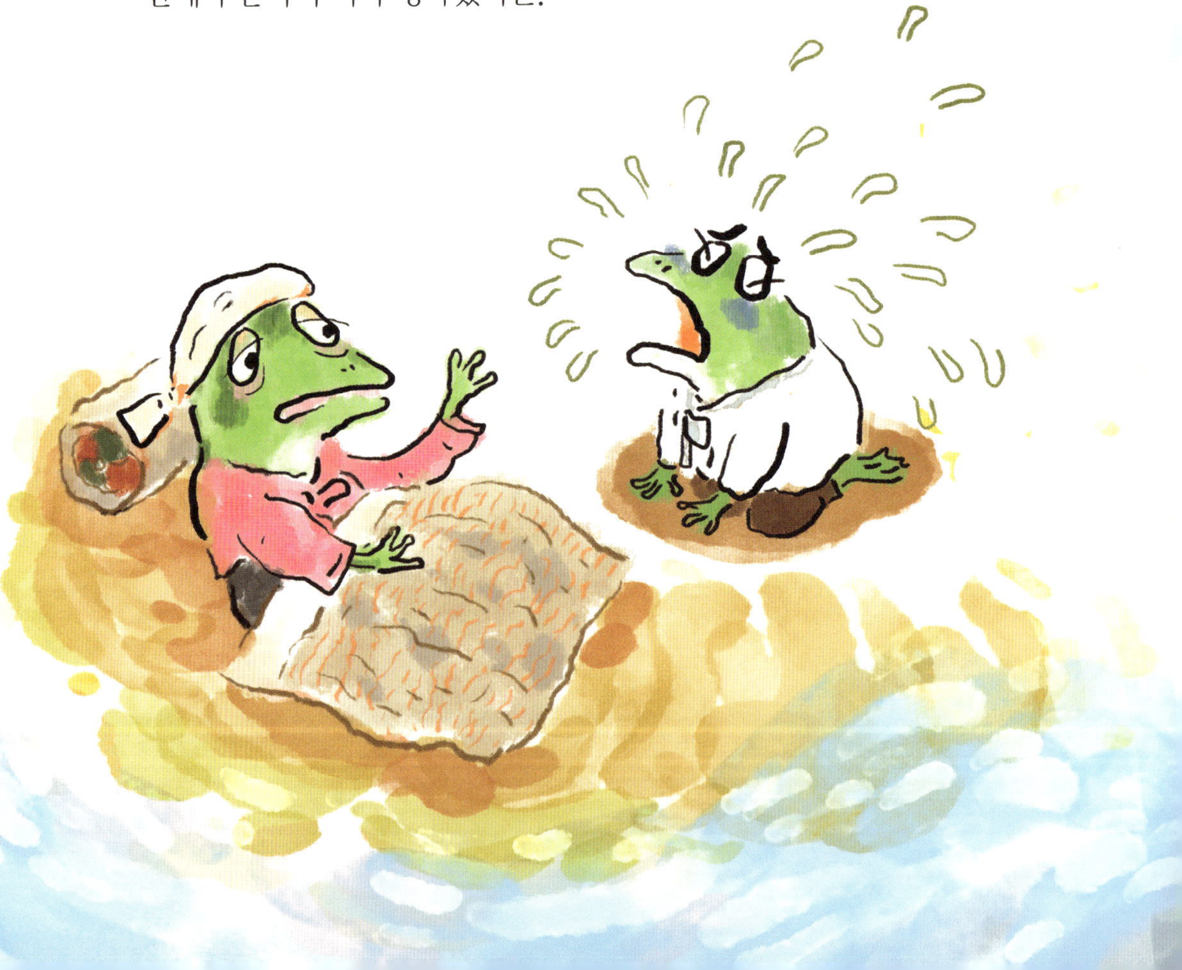

엄마가 돌아가시자 청개구리는 그동안 엄마 말 안 듣고 속 썩인 것이
무척 미안하고 슬펐어. 그래서 이제라도 효도를 하려는 마음에 처음
으로 엄마 말을 따라 냇가에 엄마를 묻었지. 결국 끝까지 엄마 마음
을 몰라준 꼴이 되었지만 말이야.
그 뒤로 청개구리는 비가 올 때마다 엄마 무덤이 냇물에 쓸려 떠내려
갈까 봐 '개골개골' 슬피 울었대.

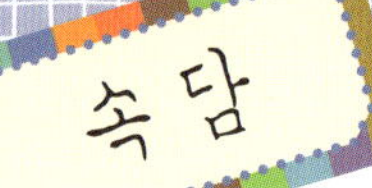

개구리 올챙이 적 생각 못 한다

개구리는 알에서 바로 개구리의 모습을 갖추고 나오는 게 아니라 올챙이 시절을 거치게 돼. 올챙이는 개구리와는 생김새가 완전히 다르지. 이 속담은 지금보다 어렵던 때의 생각을 하지 못하고 마치 처음부터 잘났던 것처럼 구는 걸 비유하는 거야.

개구리 돌다리 건느듯

개구리는 어떻게 돌다리를 건널까? 폴짝폴짝 뛰어서 건너겠지? 이처럼, 일을 할 때 꼼꼼하지 못하고 건성건성 하는 모양을 이르는 속담이야.

개구리도 움쳐야 뛴다

뛰기를 잘하는 개구리도 뛰기 전에 몸을 옴츠려야 높이 뛸 수 있다는 말이야. 어떤 일을 이루기 위해서는 그 일을 준비할 시간이 있어야 한다는 거지. 어떤 일을 하기 전에 충분히 준비하는 습관을 길러 봐. 그러면 어떤 일이라도 다 이룰 수 있을 테니까.

개구리

- **다른 이름** : 개구락지, 깨고리, 머구리, 앙망구리, 가가비 등
- **갈래** : 개구리목 개구릿과
- **사는 곳** : 논이나 냇가, 개울
- **먹이** : 긴 혀로 파리, 모기, 지렁이, 메뚜기 따위를 잡아먹는다.

나를 찾아봐, 곳골 곳골!

목소리가 고운 새

"꾀꼬올~ 꾀꼬올~."

꾀꼬리는 목소리가 참 고와. 그래서 노래 잘하는 사람을 보고 꾀꼬리 같다고 하지. '꾀꼬리'라는 이름은 울음소리를 따서 지었대. '꾀꼴꾀 꼴' 우니까 '꾀꼬리'라고 부른 거야.

'꾀꼬리'의 옛말은 '곳고리'야. 작자가 알려지지 않은 고려 가요 〈동동〉 에 바로 이 '곳고리'라는 이름이 나와.

옛사람들은 꾀꼬리 울음소리를 '곳골 곳골'로 들은 걸까? 하긴, 사람마다 다 똑같이 들을 수는 없겠지. 어떤 사람은 '꾀꼴'로 듣고, 어떤 사람은 '곳골'로 듣고, 또 다른 사람은 '꾀꼬리루'로 듣기도 하니까. 여러 지방에서 꾀꼬리를 '깨끌새', '꿀꾸리', '끼꼬래이'로 다르게 부르는 걸 보면 역시 다들 들리는 게 다른가 봐.

꾀꼬리는 울음소리만큼이나 아름다운 노란빛을 띠고 있어. 그래서 꾀꼬리라는 이름이 '꽃'의 옛말인 '곳'과 모습을 나타내는 말인 '꼴'이 합쳐진 게 아닌가 생각하는 사람들도 있어. 그렇다면 '꾀꼬리'라는 이름의 뜻이 '꾀꼴꾀꼴' 우는 새가 아니라 '꽃처럼 아름다운 새'가 되겠지.

못 찾겠다, 꾀꼬리!

꾀꼬리는 4월 말에 우리나라로 찾아와서 10월 말이 되면 따뜻한 남쪽 나라로 날아가. 겁이 많은 새라서 높은 나뭇가지에 둥지를 틀고 혼자 사는 놈들이 많지.

하지만 꾀꼬리는 아주 영리해서, 둥지 가까이에 오는 동물이 적인지 아닌지 잘 알아봐. 소나 말처럼 자기를 해코지하지 않는 동물이 가까이 오면 가만히 있지만, 알을 훔치려 하거나 위험한 동물이 오면 아주 날카로운 소리를 내면서 맞서지.

꾀꼬리 소리는 워낙 맑고 고와서, 이 소리를 들은 사람은 누구나 '어디서 나는 소리지?' 하고 귀를 쫑긋 세우고 꾀꼬리를 찾게 돼. 그렇지만 꾀꼬리는 나뭇잎 사이에 숨어 있어서 찾기가 참 어려워. 그래서 무언가를 도저히 못 찾을 때, "못 찾겠다, 꾀꼬리!"라고 하지.

숨바꼭질할 때 지친 술래가 "못 찾겠다, 꾀꼬리!" 하고 소리치면 '도저히 못 찾겠으니 그만 나와!' 하는 말이니까, 이런 말이 들리면 그만 숨어 있고 어서들 나와.

우리 겨레와 함께한 꾀꼬리

옛날부터 우리 겨레는 꾀꼬리를 참 좋아했어. 그래서 〈새타령〉에도
꾀꼬리가 나오고, 김홍도가 그린 〈마상청앵도〉에도 곱게 그려져 있
지. 꾀꼬리가 나오는 시도 많아.

펄펄 나는 저 꾀꼬리
암수 서로 정답구나
외로운 이 내 몸은
뉘와 함께 돌아갈꼬

이 시는 고구려를 세운 주몽의 아들이자 고구려 임금인 유리왕이 쓴
〈황조가〉야. 유리왕이 화희와 치희라는 두 여인을 아내로 맞았는데,
둘이 사이가 무척 나빴대. 두 아내가 서로 다투다가 치희가 결국 제
집으로 떠나 버렸지.
이 소식을 들은 유리왕이 말을 달려 쫓아갔지만, 화가 잔뜩 난 치희

는 끝내 돌아오지 않았어. 하는 수 없이 쓸쓸하게 돌아오던 유리왕은 숲속에서 정답게 노니는 꾀꼬리 한 쌍을 보고 외로운 마음을 담아 이 시를 지어 읊조렸다고 해.

박목월이 쓴 시 〈윤사월〉에도 꾀꼬리가 나와.

'윤사월'은 윤달인 4월을 말하는 건데, 윤달은 음력과 양력을 일치시키기 위해서 음력에서 끼워 넣는 달을 말해.

윤사월에 꾀꼬리가 울면 산속 외딴집에 사는 눈먼 처녀가 문설주에 귀를 대고 그 소리를 엿듣는다는 내용의 이 시에는 눈먼 처녀의 외로움과 세상을 보고 싶어하는 마음이, 곱고 구슬픈 꾀꼬리 소리에 잘 묻어나고 있지. 처녀는 꾀꼬리 소리를 들으며 무슨 생각을 했을까?

꾀꼬리

- **다른 이름** : 깨끌새, 꿀꾸리, 끼꼬래이, 황조, 황금조 등
- **갈래** : 참새목 꾀꼬릿과
- **사는 곳** : 우리나라에는 4~5월에 찾아오고 중국 남부, 미얀마 등에서 겨울을 난다.
- **생김새** : 몸길이는 25센티미터쯤이며, 암컷과 수컷 모두 몸이 샛노랗고 부리는 빨갛다. 눈 둘레부터 뒷목까지는 머리에 띠를 두른 것같이 검은 깃털이 둘러져 있는데, 수컷은 넓은 띠를, 암컷은 좁은 띠를 둘렀다.
- **먹이** : 곤충이 많은 봄에는 애벌레 따위를 많이 먹고, 가을에는 익은 열매를 즐겨 먹는다.

너희는 손? 나는 코!

코가 길어 '코끼리'

혹시 코끼리가 긴 코를 손처럼 써서 먹이를 받아먹는 모습을 본 적이 있니? 그런 가사의 동요도 있잖아. 코끼리는 코가 손이라서 과자를 코로 받아먹는다는 동요 말이야.

코끼리는 왜 이름이 '코끼리'일까? 벌써 눈치챈 친구들도 있겠지만, 코끼리는 코가 길어서 코끼리야. 어쩌다 '코끼리'라고 부르게 되었는지 한번 알아볼까?

코끼리는 원래부터 우리나라에 있던 동물이 아니야. 코끼리가 우리나라에 처음 들어온 것은 조선 시대였는데, 일본 장군이 우리 임금님께 선물했어. 그렇지만 그 코끼리의 고향은 일본이 아니고 인도네시

아였어.

보통 이렇게 다른 곳에서 태어난 동물이 우리나라에 올 때는 이름도 같이 들어오는데, 이때는 일본 사람들이 이름 알려 주는 걸 깜빡했나 봐. 그래서 우리나라에 코끼리가 처음 왔을 때는 이름이 없었어.

코끼리를 처음 본 조선 사람들은 이 커다랗고 코가 긴 동물을 뭐라고 부를까 생각하다가 "코가 기니까 '코길이'로 하자." 하고 정했어. '코가 긴 동물'이라는 뜻이고, 처음엔 '고길이'라고 불렀지. 그러다 '고키리'가 되었다가 지금은 '코끼리'라고 부르게 된 거야.

코끼리는 불교에서 매우 신성한 동물로 여겨. 그래서 절에 가면 크고 작은 코끼리 조각이 서 있거나 그림이 붙어 있곤 하지. 부처님이 새하얀 코끼리를 타고 다녔다는 이야기도 전해 와.

전라도로 쫓겨난 코끼리

참, 우리나라에 처음 들어왔던 코끼리는 어떻게 되었을까? 조선 사람들은 코끼리를 처음 본 데다가 덩치도 무척 크고 코도 길어서 많이 놀랐던 것 같아. 실학자 박지원도 코끼리를 보고 이런 글을 남겼어.

'몸통은 소와 같고, 꼬리는 나귀와 같으며 발톱은 범과 같다. 털은 짧고 잿빛이며, 귀는 구름장처럼 드리웠다. 눈은 초승달 같고, 코는 구부리고 펴는 것이 자벌레 같으며, 코끝은 누에 꽁무니 같은 것이, 코끝으로 물건을 끼워 말아 두루 낚는다.'

이렇게 여러 동물을 빗대어 설명할 만큼 신기했나 봐. 그런데 당시에 코끼리를 못생겼다며 놀리던 사람이 화가 난 코끼리에게 밟혀 죽는 사고가 생겼어. 그러자 임금님은 재판을 열어서 코끼리를 전라도로 귀양 보냈대. 동물을 재판하고 귀양 보내다니, 참 재미있지?

전라도로 쫓겨난 코끼리는 먹는 양이 엄청나서 어딜 가나 애물단지 취급을 받았대. 그래서 이곳저곳 옮겨 다니며 눈칫밥 먹는 신세가 되고 말았지. 나중에는 사람만 보면 눈물을 흘리곤 했는데, 결국에는 어느 섬에서 쓸쓸히 죽고 말았대.

아, 불쌍한 코끼리. 언제 어느 때나 동물을 사랑하는 마음을 가져야겠어. 우리 친구들은 동물에게 잘해 줘야 돼!

진흙 목욕이 최고야

코끼리는 사람이 손을 쓰듯 코를 써. 코끼리의 코는 사실 윗입술과 코가 합쳐진 기관이야. 15만 개나 되는 근육이 모여 있어서, 코로 물도 마시고 먹이도 먹고 아래위로 흔들어 인사도 하지.

이른 아침이나 저녁에는 풀을 뜯어 먹으면서 다니는데, 나뭇잎, 풀, 나무 열매 따위를 하루에 200킬로그램이나 먹는대. 정말 엄청나지?

낮에는 그늘에서 쉬거나 목욕을 하면서 지내는데, 특히 진흙 목욕을 좋아해. 코끼리의 피부는 다치거나 벌레에 물리면 쉽게 헐기 때문에, 진흙을 온몸에 발라서 뜨거운 햇볕을 막고 몸에 붙은 벌레를 없애는 거야.

아시아코끼리와 아프리카코끼리

긴 코에다 상아가 멋진 코끼리는 땅 위에 사는 동물 가운데 가장 큰
포유동물이야. 암컷이 새끼들과 무리 지어 살고, 수컷은 그 옆에서
따로 살아. 그래서 무리의 우두머리는 늘 암컷이야.

코끼리는 오래 사는 데다 죽을 때까지 계속 자라기 때문에, 우두머리
가 나이도 가장 많고 몸집도 가장 크고 힘도 가장 세지. 옛날에는 종
도 많고 수도 많았지만 오늘날에는 크게 아시아코끼리와 아프리카코
끼리 두 종만 남아 있어.

아시아코끼리는 몸무게가 4.5톤 정도로 아프리카코끼리보다 작아.
똑똑하고 순해서 사람이 길들여서 타고 다니거나 일을 시키기도 해.
아프리카코끼리는 몸무게가 7톤이나 나가. 아시아코끼리보다 귀가
크고 코끝에 돌기가 두 개 있어.

장님 코끼리 만지는 격

시각 장애인인 장님은 눈이 보이지 않기 때문에, 손으로 만져 봐야 생김새를 알 수 있어. 그런데 코끼리는 너무 크니까 한 번에 전체를 만질 수 없겠지? 그러면 코끼리가 어떻게 생겼는지 제대로 알 수 없을 거야. 그래 놓고 '코끼리는 이렇게 생겼다네.' 하고 얘기한다면 그 말을 누가 믿을 수 있을까? 이처럼 일부분만 알면서 전체를 다 아는 것처럼 말할 때 그 어리석음을 이르는 거야.

코끼리는 생쥐가 제일 무섭다

코끼리에 비하면 생쥐는 정말 작은 동물이잖아. 그런데도 생쥐가 제일 무섭다니, 우습지? 이 속담은 보잘것없는 작은 존재를 두려워하는 걸 비유적으로 이르는 거야.

코끼리 비스킷

이건 비스킷 이름이 아니라 다른 속뜻이 있어. 코끼리한테 우리가 먹는 비스킷을 한 개 준다고 생각해 봐. 그거 하나 먹었다고 코끼리 배가 부를까? 바로 이럴 때 쓰는 관용구야. 먹으나 마나 한 매우 적은 것을 이를 때, '코끼리 비스킷'이라고 해.

잠깐상식

코끼리

- **다른 이름** : 케끼리, 케키리, 쾨코리, 쿼끼리 등
- **갈래** : 장비목 코끼릿과
- **사는 곳** : 동남아시아, 인도, 아프리카 등
- **생김새** : 코는 윗입술과 더불어 길게 자라고, 어금니인 상아도 길게 자란다.
- **먹이** : 풀, 열매, 나뭇잎, 나무껍질
- **번식** : 5년에 한 번, 새끼를 한 마리씩 낳는다.

땅 좀 뒤져 보자!

쥐를 닮아 두더지?

'두더지'라는 이름은 어쩌다 생겼냐고? 두더지는 쥐와 닮았어. 그래서 뒤에 '쥐'가 붙었고, 시간이 지나면서 더 쉬운 발음인 '지'가 된 거야. 그러면 '두더'는 어디서 온 말일까? 두더지를 옛날에는 '두디쥐'라고 불렀는데, '두디'는 요즘 말로 '뒤지다'라는 뜻이거든. '두더'는 '두디'가 변해서 된 말이지. 즉, 두더지는 '땅을 여기저기 뒤져서 파고 사는 쥐를 닮은 동물'이라는 뜻이야.

나는야 굴 파기 대장

두더지는 주둥이가 뾰족한 게 쥐와 닮긴 했지만, 몸 전체는 달라. 굴을 파기 좋게 생겼지. 손이 삽처럼 넓적하게 생긴 데다 발바닥의 길이와 너비가 거의 같고, 길고 큰 발톱이 다섯 개 있거든. 또 원통처럼 둥글고 긴 몸에 난 털은 한 올 한 올 곧게 서 있어서, 앞으로 가나 뒤로 가나 걸리지 않기 때문에 좁은 굴속에서도 잘 돌아다닐 수 있어.

두더지는 앞발로 땅을 파면서 흙을 포슬포슬하게 만들고, 파낸 흙을 뒷발로 차 내면서 땅속으로 파 들어가. 100미터 넘게 팔 때도 있다니, 대단하지?

이렇게 판 굴속에 먹이 창고와 새끼를 낳아 기르는 방을 따로 만들어 둬. 그리고 햇볕이 쬐는 곳에서는 견디지 못하기 때문에, 낮에는 주로 땅속 깊이 들어가 있지. 두더지는 빛을 보지 않고 사는 동물이거든. 그러다 밤이나 이른 아침이 되면 먹이를 찾거나 땅굴을 파는 거야.

두더지는 땅속에 오래 살아서 눈은 어둡지만, 귀가 밝고 냄새도 잘 맡기 때문에 먹이를 금방 찾을 수 있어. 그리고 위협을 느낄 때 번개처럼 빨리 땅속으로 숨어 버리지. 두더지의 속도가 번개처럼 빨라서 두더지를 '땅속의 번개'라고도 해. 두더지가 땅을 파고 들어가는 모습이 보고 싶어지지?

하지만 농부들은 두더지를 보고 싶어 하지 않을 거야. 두더지가 밭에 굴을 파서 농사를 망쳐 놓기도 하기 때문에, 농부들의 골칫거리가 될 때도 있거든. 그래도 '농부는 두더지다.'라는 속담이 있듯이, 농부나 두더지나 모두 땅을 파서 먹고 사니까 두더지를 마냥 미워할 수만은 없는 것 같아.

두더지 땅굴 파듯

일을 욕심내어 마구 해 대는 모습을 빗대어 이르거나, 뜻한 바를 이루려고 꾸준히 애를 쓰는 모습을 말해.

두더지는 나비가 못 되라는 법 있나

다른 사람이 상상하지 못하는 전혀 뜻밖의 일도 일어날 수 있음을 빗대어 이르는 말이야.

두더지 혼인 같다

옛날 이야기에서 비롯된 속담으로, 분수에 넘치는 엉뚱한 희망을 갖는 것을 비유적으로 이르는 말이야.

두더지

- **다른 이름** : 두디지, 두데기, 두제기, 뒤지기, 두레기, 또디기 등
- **갈래** : 땃쥐목 두더짓과
- **사는 곳** : 한국, 일본, 중국 등의 축축한 땅속
- **먹이** : 땅강아지, 굼벵이, 지렁이, 곤충의 애벌레
- **번식** : 4~6월에 두 마리에서 여섯 마리쯤 낳는다.

검어서 거미라고?

'거미'를 풀면 '검은 이'

'거미'도 '코끼리'처럼 생김새를 보고 붙인 이름이야. 몸빛이 검어서 '거미'라고 부르지. 물론 거미 가운데는 검지 않은 것도 있지만, 보통은 검은빛을 띠어. '거미'를 풀어 보면 '검은+이'야. '검은이'를 빨리 읽다 보면 '거미'가 되지?

거미는 곤충이 아니야

흔히 거미를 곤충이라고 생각하기 쉽지만, 거미는 곤충과 같은 절지 동물일 뿐 곤충은 아니야. 곤충처럼 머리, 가슴, 배로 나뉘지 않고 머리가슴과 배 두 부분으로 되어 있거든. 또 곤충과는 달리 더듬이나 날개가 없고 다리는 네 쌍이지.

머리에 달린 홑눈은 보통 여덟 개지만 한 개, 두 개, 네 개, 여섯 개인 거미도 있고, 아예 눈이 없는 거미도 있어. 그래서 눈 개수로 거미 갈래를 나누기도 해.

거미는 배 꽁무니에 있는 방적 돌기에서 거미줄을 뽑아내. 거미줄은 먹이를 잡을 때나 걸려든 먹이를 묶어 둘 때, 여기저기 옮겨 다닐 때나 집을 지을 때도 쓰고, 낳은 알을 싸서 보호할 때도 쓰지.

거미줄의 모양도 여러 가지야. 접시거미는 접시처럼 옆으로 넓은 거미줄을 치고, 가게거미는 깔때기 모양으로 치고, 뒷문거미는 땅속 굴에 거미줄로 문을 만들기도 해. 또 꼬마거미는 거의 모든 방향으로 거미줄을 치는데, 반대로 그물을 치지 않고 사는 거미도 있어.

먹이를 잡는 방법도 여러 가지야. 깡충거미나 늑대거미는 갑자기 덤벼들어 먹이를 잡아먹고, 게거미는 꽃에 숨어 있다가 꿀을 빨러 오는 곤충을 잡아먹지.

징그러운 거미? 고마운 거미!

털 달린 다리가 많고 가끔 독거미도 있어서 징그럽고 무섭기도 하겠지만, 거미는 사람에게 해로운 벌레를 잡아먹는 고마운 친구야. '살아 있는 농약'이라고 부를 만큼 농사에 큰 도움을 주지.

독거미는 늘 조심해야겠지만, 우리나라에는 강한 독을 지닌 거미는 거의 없어. 앞으로는 거미를 보면 때려잡는다거나 소리 지르며 도망치지 말고 한번 찬찬히 들여다보면 어떨까. 은근히 귀엽기도 하거든.

우리가 거미를 쉽게 볼 수 있는 것처럼 옛사람들도 거미와 늘 함께 살았어. 그래서 거미가 나오는 이야기가 참 많아.

거미의 복수

옛날에 한 처녀가 나무 밑 평상에 앉아 바느질을 하고 있었어. 나무에는 큰 거미가 쳐 놓은 거미줄이 있었는데, 마침 날아가던 학 한 마리가 그 거미줄에 걸리고 말았지. 학이 괴로워하며 벗어나려고 애를 쓰고 있을 때, 큰 거미가 나타나 거미줄로 학을 돌돌 말았어.

깜짝 놀란 처녀는 가위로 거미줄을 쳐냈지만, 큰 거미가 학의 머리를 꽉 쥐고는 놓지 않았지. 처녀는 하는 수 없이 거미를 눌러 죽였어. 학은 무사히 빠져나와 멀리 날아갔고 말이야.

그 뒤 이상한 일이 벌어졌어. 처녀의 배가 점점 불러 오더니 열 달 뒤에 사내아이를 낳은 거야!

아이는 젖을 먹고 무럭무럭 자랐어. 그런데 보통 아이들과 달리 이 아이는 열 살이 넘어도 젖을 뗄 줄 모르고 계속 엄마 젖을 빨았어. 어머니는 늘 힘이 없고 괴로웠지만 차마 아들을 물리칠 수가 없었지. 그러나 아이는 계속 젖을 떼지 못했고, 견디다 못한 어머니는 끝내 도망치고 말았어. 어머니가 정신없이 도망가는데, 도포를 입은 한 사내가 하늘에서 훨훨 내려왔어.

"여보시오. 그렇게 도망간다 해도 끝내 잡히고 말 것이오. 목숨이 위험하니 얼른 내 도포 밑에 들어가 숨으시오."

한편, 산에서 나무를 한 짐 해서 내려온 아이는 그날
도 집에 오자마자 어머니를 찾았어. 어머니가 도망친 걸 알고
는 잘 갈아 둔 낫을 들고 급히 뒤를 쫓았지. 그렇지 않아도 이제는
젖이 나오지 않는 것을 알고 어머니를 죽이려고 마음먹고 며칠 동안
낫을 갈았던 거야.
얼마쯤 쫓아가던 아이는 도포를 입은 사내를 만났어.
"여기 지나가던 여자를 못 봤소?"
사내는 고개를 저으며 못 보았다고 말했어. 어머니가 어디로 도망쳤
는지 보려고 아들이 뒤로 돌아섰을 때, 도포를 입은 사내가 갑자기
낫을 빼앗아 아들을 죽였어. 그러자 검은 연기가 풀풀
피어오르더니, 이윽고 아들이 큰 거미의 시체로
변했지.

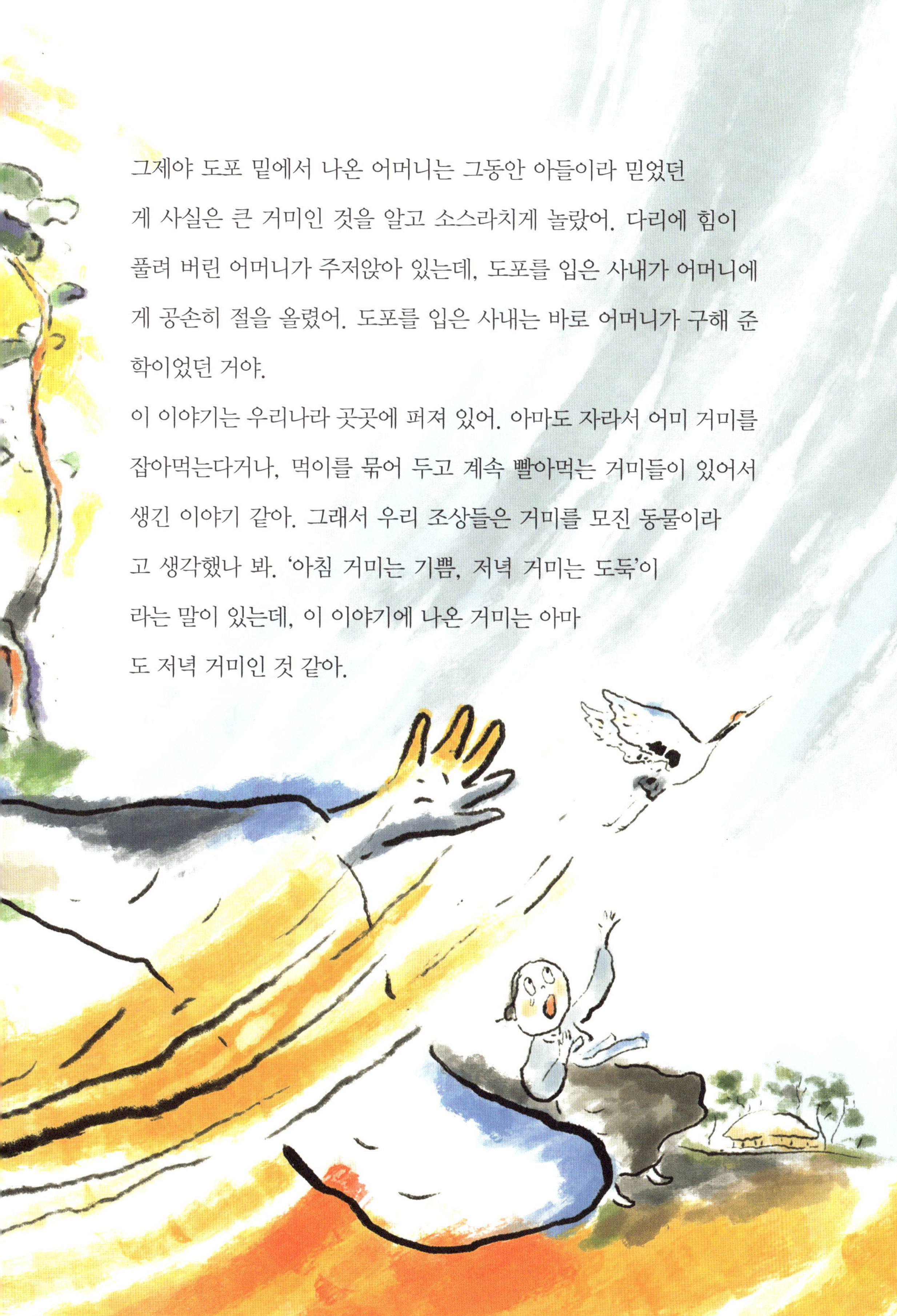

그제야 도포 밑에서 나온 어머니는 그동안 아들이라 믿었던
게 사실은 큰 거미인 것을 알고 소스라치게 놀랐어. 다리에 힘이
풀려 버린 어머니가 주저앉아 있는데, 도포를 입은 사내가 어머니에
게 공손히 절을 올렸어. 도포를 입은 사내는 바로 어머니가 구해 준
학이었던 거야.

이 이야기는 우리나라 곳곳에 퍼져 있어. 아마도 자라서 어미 거미를
잡아먹는다거나, 먹이를 묶어 두고 계속 빨아먹는 거미들이 있어서
생긴 이야기 같아. 그래서 우리 조상들은 거미를 모진 동물이라
고 생각했나 봐. '아침 거미는 기쁨, 저녁 거미는 도둑'이
라는 말이 있는데, 이 이야기에 나온 거미는 아마
도 저녁 거미인 것 같아.

거미도 줄을 쳐야 벌레를 잡는다

거미는 먹이를 구하기 위해 거미줄을 쳐. 이처럼 무슨 일을 하든 그에 맞는
준비를 해야 결과를 얻을 수 있다는 말이야.

거미는 작아도 줄만 잘 친다

거미는 크기가 1~5센티미터 정도밖에 되지 않아. 하지만 꼼꼼하게 거미
줄을 치지. 이 속담은 모양은 비록 작아도 제 할 일은 다한다는 뜻이야.

산 (사람) 입에 거미줄 치랴

거미는 안전한 곳에 거미줄을 쳐. 사람의 입에 거미줄을 치기 위해선 사
람이 입을 벌린 채로 한참 동안 가만히 있어야 하지. 즉, 아무것도 먹지
않고 있어야 사람 입에 거미줄을 칠 수 있는 거야. 하지만 아무리 살림이
어려워 양식이 떨어져도, 사람은 굶어 죽지 않고 그럭저럭 먹고 살아가기
마련이야. 그러니까 먹고사는 일로 너무 걱정하지 말라는 뜻을 담은 속담
이야.

거미

- **다른 이름** : 지주, 주모, 철모, 두공, 거무 등
- **갈래** : 거미강 거미목
- **먹이** : 파리, 나방, 나비, 메뚜기
- **번식** : 알주머니에 싸여 있다가 날씨가 따뜻해지면 어린 거미가 깨어 나온다.
  새끼 거미는 여러 차례 허물을 벗으며 자라다가 바람을 타고 흩어져서 저마다 살아간다.
- **특성** : 보통 혼자 살지만 번식기에는 수컷이 암컷한테 접근하는데,
  종류에 따라 암컷이 수컷을 잡아먹기도 한다.

사실, 나는 '말'이야

미주알과 말미잘

"미주알고주알 말도 많네."

'미주알고주알'이 무슨 뜻일까? 먼저, '미주알'은 창자의 끝, 즉 항문 부분이야. '똥꼬'지. 그리고 '고주알'은 '미주알'과 운을 맞추려고 덧붙인 말이야. '미주알고주알'은 '아주 사소한 일까지 속속들이'라는 뜻이야. 이와 비슷하게 쓰이는 말로 '밑두리콧두리'가 있어. '밑두리'는 둘레 의 밑부분이고, '콧두리'는 '고주알'과 마찬가지로 운을 맞추기 위해 덧붙인 말이야. 작은 일까지 쓸 데없이 캐묻거나 말이 많을 때 흔히 '미주알고주알 밑 두리콧두리 캔다.'고 해.

왜 미주알 이야기를 하냐면, '말미잘'의 옛 이름이 '미주알'이었거든.
'미주알'을 빨리 읽어 봐. '미주알', '미좔', '미잘', 이렇게 되지?

이름에 '미잘'이 붙은 까닭은, 말미잘이 꼭 항문같이 생겨서 그래. 먹이를 잡을 때나 다른 물고기가 공격하면 촉수를 몸 안으로 말아 넣는데, 그 모습이 꼭 똥꼬 같거든.

그럼 앞에 붙은 '말'은 뭘까. 말미잘이 아무리 사람 항문을 빼닮았어도 사람 항문이라고 이름 붙이기는 조금 쑥스러웠나 봐. 이럴 때 우리 조상들은 종종 다른 동물 이름을 덧붙이곤 했지. 게다가 말미잘은 사람 항문이라고 하기에는 너무 크잖아. 그래서 큰 동물, 즉 말을 갖다 붙여 쓴 거야. 그러니까 '말미잘'의 뜻은 '말 항문'이야. 바다에 사는 생물의 이름이 '말 똥꼬'라니, 정말 웃기지?

흰동가리와 함께 살아

다 자란 말미잘은 거의 한곳에서만 살아가. 하지만 친구들이 많아서 여기저기 다니지 않아도 답답하지 않을 거야.

소라게(집게)의 껍데기에 붙어서 사는 말미잘도 있어. 말미잘은 스스로 움직일 수 없기 때문에 소라게에 업혀서 이동하는 거야. 작은 말미잘을 노리는 다른 동물을 게가 막아 주기도 해.

말미잘은 흰동가리와도 사이가 좋아. 흰동가리는 위험하면 말미잘의 촉수 사이에 숨기도 하고, 말미잘이 먹을 물고기를 꾀어 오기도 해. 흰동가리가 먹고 남은 찌꺼기를 말미잘이 먹기도 하고 반대로 말미잘이 먹고 남은 찌꺼기를 흰동가리가 먹기도 하고 말이야. 흰동가리는 말미잘의 병든 촉수를 제거해 주기도 하지.

집게와 말미잘, 흰동가리와 말미잘처럼 서로 다른 종류의 생물이 서로에게 이익을 주며 같이 사는 것을 상리공생이라고 해.

말미잘의 촉수는 위험해

말미잘은 종류가 천 가지도 넘어. 어른 손톱보다 작은 것부터 1.5미터
나 되는 것까지 있지. 따뜻한 바다에 사는 것일수록 더 크고 화려해.
비슷한 다른 동물들이 대부분 모여 사는 것과 다르게, 말미잘은 혼자
떨어져 살아. 대체로 암초 위에 붙어 살지만, 모래나 펄 속에 깊이 파
고 들어가서 입과 촉수만 내놓고 있는 것도 있고, 물 위를 떠다니며
입을 아래로 늘어뜨린 채 사는 것도 있어.
거의 움직이지 않고 살아가지만, 가끔 매우 느리게 기거나 공중제비
동작으로 움직이기도 하고 몸통이나 촉수를 써서 헤엄치기도 해.
말미잘은 촉수에 있는 수많은 자포를 써서 먹이를 잡아먹는데, 자포

에는 테트라민이라는 독이 있어서 먹이를 꼼짝 못 하게 굳혀 버려. 조심해야겠지?

그러면 흰동가리는 어떻게 독이 있는 말미잘의 촉수에서 살 수 있냐고? 그 이유에 대해서 과학자들이 여러 주장을 하고 있지만 확실히 밝혀지지는 않았어.

그냥 흰동가리가 날 때부터 말미잘의 독에 면역력을 지니고 태어난다는 말도 있고, 흰동가리가 말미잘의 독성 물질을 몸에 묻히고 다니니까 말미잘이 자신의 몸인 줄 착각하고 독을 아예 쏘지 않는다는 말도 있어. 또 흰동가리에게는 보호 점막이 있어서 독을 쏘여도 괜찮다고도 하지. 어쨌거나 흰동가리가 아닌 다른 물고기들은 말미잘을 조심해야겠지?

말미잘

- **다른 이름** : 돌모란, 말문주리, 말똥구녁 등
- **갈래** : 산호충강 해변말미잘목, 꽃말미잘목
- **사는 곳** : 대개 암초에 붙어 산다.
- **먹이** : 이것저것 잘 먹는다. 바다에 떠다니는 작은 생물에서부터, 자신의 몸보다 큰 물고기까지 잡아먹는다.

나는 가로로 잔다!

눈이 몰린 물고기

가자미 본 적 있니? 넙데데하게 생기고, 몸의 위쪽은 거무스름하고 아래쪽은 하얀 물고기야.

가자미는 오른쪽에 눈 두 개가 몰려 있어서 꼭 옆으로 누워 있는 것처럼 보여. 어린 가자미는 눈이 머리 양쪽에 하나씩 달려 있지만, 자라면서 왼쪽에 있던 눈이 오른쪽으로 옮겨 가거든. 이때부터 가자미는 몸의 오른쪽을 위로 해서 바다 밑에 누워 살고, 몸 색깔도 양쪽이 달라지게 돼.

또 눈이 한쪽으로 몰리기 전에는 물속에 떠다니는 작은 생물을 먹고 살지만, 눈이 다 옮겨 가면 모래 속에 사는 작은 게 따위를 잡아먹고 살아. 그리고 다 자라면 지렁이나 작은 조개, 해삼 따위를 먹고 살지.

가자미는 옆으로 누운 채로 헤엄도 쳐. 보통 물고기가 세로로 헤엄친다고 생각하면, 가자미는 가로로 헤엄을 치는 셈이지. 그런 가자미를 본 우리 조상들이 '꼭 가로로 누워 자는 것 같네.' 하고 생각했고, '가로로 누워 자는 물고기'란 뜻으로 '가자미'라고 이름 붙였대. '가로 자는 이→가로잠이→가잠이→가자미'가 된 거지. 조상들의 재치가 묻어나는 이름이지?

거짓 어미라서 가자미?

가자미의 이름에 대한 다른 이야기도 있어. 옛날에 남의 아이를 키우던 여자가 있었어. 이 여자는 남의 아이를 키우는 게 고생스럽고 싫었지. 그래서 아이를 무척 미워하고 항상 눈을 한쪽으로 흘겼어. 그러다 여자가 늙어 죽었고, 아이를 미워한 벌을 받아 가자미로 다시 태어났다고 해.

가자미는 눈이 한쪽으로 몰렸지? 이 이야기를 바탕으로 생각해 보면 '가자미'의 '갖'은 거짓을 뜻하고, 그 뒤에 어미를 뜻하는 '아미'가 붙어서 '거짓 어미'라는 뜻으로 '가자미'가 되었다는 거지.

가자미

- **다른 이름** : 까재미, 가재미, 납새미, 자구미 등
- **갈래** : 가자미목 가자밋과
- **먹이** : 갑각류, 작은 조개류 등
- **사는 곳** : 우리나라 모든 바다 밑바닥에 살며, 차가운 물을 좋아한다.
- **특성** : 암컷이 수컷보다 크고 더 오래 살며, 주위 모래나 흙 색깔에 따라 몸 빛깔을 바꿔 자신을 지킨다.
- **음식** : 겨울철에 가장 맛이 좋다. 우리나라에서도 많이 먹는데, 함경도 지방의 고유 젓갈인 가자미식해로 만들어 먹기도 한다.

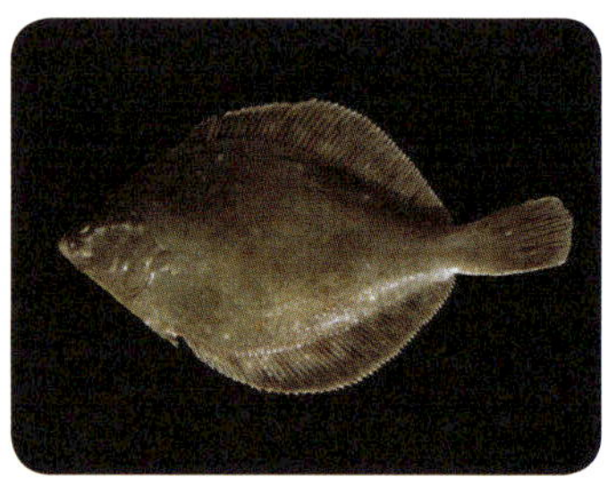

나도 넓적하거든

광어보다 넙치라고 불러 줘

넙치를 보면 가자미가 생각나. 생긴 게 가자미처럼 넓적하거든. '넙치'라는 이름도 넓적한 모습 덕에 생겼어. 넙데데한 물고기라서 넙치가 된 거지. '넓다'라는 의미의 '넙다'에 '−치'가 붙은 거야.

넙치는 몸의 길이가 85센티미터까지도 자란다고 해. 생김새는 위아래로 넓적하게 긴 타원형이고, 아래턱이 위턱보다 조금 앞쪽으로 튀어나와 있어. 입은 크고 경사져 있는 데다 양턱에는 날카로운 송곳니가 한 줄로 나 있지. 눈이 있는 쪽은 어두운 갈색 바탕에 눈 모양의 반점이 있고, 눈이 없는 쪽은 흰색이니까 눈을 잘 찾아봐.

혹시 횟집에 가서 광어회를 먹어 본 적 있니? 어른들이 참 좋아하는 회인데, 이 광어가 바로 넙치야. '광어'는 '넓은 고기' 그러니까 '넙치'

의 한자 말이거든. 그러니 같은 값이면 한자 말인 '광어'보다 우리말인 '넙치'를 쓰는 게 더 좋지 않을까?

가자미와 넙치 구별하기

알에서 막 깨어난 넙치는 다른 물고기들처럼 두 눈이 양쪽에 하나씩 있어. 하지만 자라면서 오른쪽 눈이 왼쪽으로 점점 옮겨 붙지.

이렇게 가자미와 넙치는 둘 다 눈이 한쪽으로 몰려 있어서 언뜻 봐서는 어느 놈이 어느 놈인지 알기가 어려워. 몸 색깔이나 생김새도 비숫하고, 주위의 흙이나 바위 빛깔과 비슷하게 몸빛을 바꾸어 자신을 지키는 특성까지 비슷하지. 15~20분이면 감쪽같이 몸 색깔을 바꾸어서, 어디 숨어 있는지 찾기 어렵다는 것도 가자미와 넙치가 똑같아. 그렇다면 둘은 어떻게 구별할까?

 우선, 두 눈이 오른쪽으로 몰려 있으면 가자미, 왼쪽으로 몰려 있으

면 넙치야.

그런데 입과 이를 보면 더 확실하게 구분할 수 있어. 가자미는 조개류나 갑각류를 먹고 살기 때문에 입과 이가 작은 편이고 생선이 먹이인 넙치는 입이 크고 이가 날카로워. 이제 알았지?

넙치 눈은 작아도 먹을 것은 잘 본다

아무리 눈이 작은 사람도 세상의 모든 것을 볼 수 있잖아. 넙치도 비록 눈은 작지만 자기가 먹고 살기 위해서 봐야만 하는 것은 잘 본다는 뜻이야. 즉, 몸집이나 크기는 작아도 자신이 맡은 구실은 잘 해낸다는 것을 비유해서 이르는 말이지. 그러니 무엇이든 작다고 무시하면 안 돼.

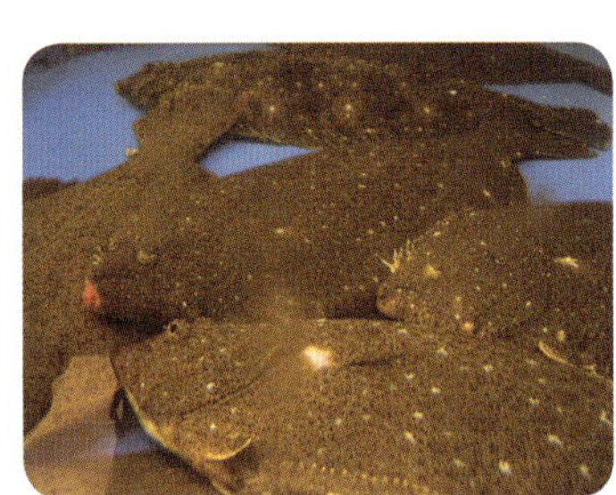

넙치

- **다른 이름** : 광어, 넙제기, 넙지, 너벵이, 넙저기 등
- **갈래** : 가자미목 넙칫과
- **사는 곳** : 한국, 일본, 남중국해, 쿠릴 열도 등 태평양 서부의
  바닷속 모래 바닥
- **먹이** : 어릴 때는 작은 갑각류를 먹고 성장하면 작은 물고기나 갑각류를 먹는다.
- **음식** : 늦가을과 겨울에 가장 맛이 좋고, 자라나는 어린이에게 좋은 라이신이 많이 들어 있다.

칼이 움직인다고?

칼처럼 생긴 물고기

갈치는 모양이 칼처럼 길고 몸이 반짝거리지? 긴 칼을 다루던 시절에 살던 사람들은 이 물고기를 보고 자연히 칼을 떠올렸을 거야. '갈치'는 바로 '칼처럼 생긴 물고기'라는 뜻이야. '칼'을 옛날에는 '갈'이라고 했기 때문에 '갈치'라고 불렀고, 지금까지 그대로 쓰이는 것이지. 남쪽 지방에선 '칼치'라고 부르기도 해.

서서 헤엄치는 갈치

갈치는 머리를 위로 쳐들고 몸을 꼿꼿이 세워서 위아래로 헤엄쳐. 마치 물속에서 춤추는 것 같지. 그런데 왜 서서 헤엄을 칠까?

물고기는 꼬리나 등, 가슴에 달린 지느러미를 휘저어 헤엄치지. 지느러미가 하나라도 없으면 헤엄치기가 어려워. 갈치는 꼬리지느러미가 없고, 등지느러미와 뒷지느러미만 있어서 다른 물고기처럼 헤엄을 치지 못하는 거야.

갈치의 일생

어린 갈치는 바닷물에 떠 있는 작은 동물을 먹고, 커서는 정어리, 전어, 민어, 오징어, 새우 따위를 즐겨 먹어. 그런데 무서운 사실은, 갈치들이 서로 상대의 꼬리를 잘라 먹기도 한다는 거야. 이가 날카로워서 여러 가지를 잘 씹어 먹지만, 딱딱한 것은 절대로 먹지 않는대.

그리고 어미가 알을 지킬 때는 한눈 팔지 않으려고 아예 아무것도 먹지 않는대. 갈치는 여름에 알을 10만 개쯤 낳는데, 제주도 서쪽 바다에 살다가 여름이면 남해와 서해로 가서 알을 낳아. 알을 낳은 암컷은 알이 깰 때까지 옆을 떠나지 않고 맴돌며 지킨다고 해.

갈치가 갈치 꼬리 문다

가까운 사람끼리 서로 헐뜯거나 해치는 일을 빗대어 이르는 말이야. 갈치는 정말로 서로 꼬리를 잘라 먹을 때도 있거든. 우리는 절대로 그러면 안 되겠지?

갈치잠

비좁은 방에서 여럿이 갈치처럼 길게 누워 자는 잠을 말해. '칼잠'이라고도 하는데, '갈치'가 '칼'에서 온 말이니 따지고 보면 그게 그거야.

맛 좋고 값싼 갈치 자반

갈치 자반이 뭔지 아니? 소금에 절인 갈치를 토막 내어 굽거나 쪄서 만든 반찬이 바로 갈치 자반이야. 이 반찬의 재료인 갈치가 값도 싸고 맛도 좋다면 아주 좋겠지? 이처럼 한 가지 일이 두 가지로 이로울 때, '맛 좋고 값싼 갈치 자반'이라고 표현해.

갈치

- **다른 이름** : 칼치, 모치, 번젱이, 풀치(어린 갈치)
- **갈래** : 농어목 갈칫과
- **사는 곳** : 한국, 일본, 중국 등의 온대 또는 아열대 바다
- **먹이** : 갑각류나 어류를 먹는데, 갈치끼리 서로 잡아먹기도 한다.
- **특징** : 최대 150센티미터까지 자란다. 갈치의 온몸을 덮은 은분은 비늘이 아니라 구아닌이다. 구아닌은 립스틱을 비롯한 색조 화장품이나 인공 진주를 만들 때 많이 쓰인다.
- **음식** : 갈치는 여름에 많이 잡히고 맛도 좋다. 조림이나 구이로 많이 먹고, 내장은 젓을 담가 먹는다. 회로 먹어도 맛이 좋다.

뚝심 있게 버텨야지!

성격도 생김새도 뚝지

뚝지라는 물고기는 참 무뚝뚝하고 둔하게 생겼어. 커다란 올챙이처럼 생긴 몸에 꾹 다문 큰 입이 마치 심통이 단단히 난 것 같거든.

큰 것은 27센티미터쯤 자라는데, 두 눈 사이가 조금 솟아 있고 입은 일자로 평평한 모양이야. 등에는 눈 크기만 한 점이 흩어져 있고, 등지느러미는 두 개지만 하나는 피부 속에 묻혀서 잘 드러나지 않아.

뚝지는 생김새하고 비슷하게 성격도 느리고 둔해. 그래서 위험이 와도 피할 생각조차 하지 않지. 배에 커다란 빨판이 하나 있는데, 이걸로 바위에 딱 붙어서는 사람이 다가가도 꼼짝도 하지 않아. 게으른 건지 배짱이 두둑한 건지 모르겠어. 그저 뚱해서는….

이런 성격과 생김새 탓에 '뚝지'라는 이름을 얻었어. '뚝'에는 '뚝집',

'뚝머슴' 같은 말처럼 무뚝뚝하고 미련하다는 뜻이 담겨 있지. '지'는 아마 동물 이름에 붙는 '–이'나 물고기를 뜻하는 '치'가 발음하기 쉽게 변한 것 같아.

뚝지를 '심퉁이', '도치', '멍텅구리'라고 부르기도 해. 이 중에서 '멍텅구리'라는 말은 다른 뜻도 가지고 있어. 뚝지처럼 둔하고 어리석은 사람을 놀릴 때 쓰기도 하고, 스스로 움직이지 못하는 새우잡이 배를 멍텅구리 배라고 불렀어. 또, 병의 목이 예쁘지 않게 올라온 한 되 분량의 병을 가리키는 말이기도 해.

못생겨도 맛은 좋아

뚝지는 겨울철 별미로 이름이 높아. 특히 뚝지 알과 김장 김치를 넣고 끓인 뚝지 알탕이 참 푸짐하고 맛있지. 뚝지가 알을 품을 무렵이면 김장 김치도 폭 익어서, 함께 넣고 끓이면 얼큰하고 깊은 맛이 나거든.

뚝지찜은 제사상에 올릴 만큼 맛있어. 뚝지를 두 마리씩 엮어서 바닷바람에 열흘쯤 말리면 살이 꼬들꼬들해지거든. 설날에 아무 양념도 하지 않고 쪄서 먹으면 기가 막히게 맛있다지?

뚝지는 회로 먹기도 하고, 여러 가지 푸성귀와 고추장을 함께 넣고 버무린 무침도 맛이 그만이야.

뚝지

- **다른 이름** : 신퉁이, 멍텅구리, 도치, 뚝저구 등
- **갈래** : 쏨뱅이목 도칫과
- **사는 곳** : 우리나라, 일본 북부, 오호츠크해, 베링해, 캐나다
  같은 북태평양 온대 해역의 100~200미터 깊이 바다
- **먹이** : 작은 물고기
- **번식** : 12~2월 사이 겨울에, 가깝고 얕은 바다로 나가 돌 사이에 알을 낳는다.

내가 농담을 잘한다고?

검은빛을 띤 물고기

'농어'는 무슨 뜻일까? 농담을 잘해서 농어일까, 농사꾼들이 좋아해서 농어일까?

농어의 옛말은 '노어(鱸魚)'야. 가물치처럼 '검은 물고기'라는 뜻이지. 하지만 가물치가 눈으로 봐도 검은색을 띠는 것과 다르게 농어는 오히려 흰색처럼 보여. 어찌 된 일일까?

농어는 몸이 꼭 검은색은 아니지만, 눈에 보이는 것보다는 색이 짙어서 그때그때 빛이 비치는 각도나 보는 방향에 따라 마치 검은색을 띠는 것처럼 보여. 그래서 우리 조상들은 검다고 느꼈나 봐.

농어는 다른 이름도 많아. '농에', '능에'라고도 부르고, 부산에서는 '까지매기'라고도 불러. 또, 어린 농어를 '껄떼기', '깔다구', '절떡이', '갈다기'라고 하지.

강과 바다를 오가며 살아

농어는 다 자라면 1미터쯤 돼. 몸은 길고 둥글며 납작하지. 어릴 때
는 옆구리와 등지느러미에 작고 검은 점이 많이 흩어져 있지만, 자라
면서 점점 사라져서 완전히 자라면 아예 없어져. 하지만 우리나라 서
해에 사는 농어는 다 자란 뒤에도 검은 점이 꽤 크게 남아 있어.

농어는 깊은 바닷속 바위가 많은 곳에 살다가, 알을 낳을 때는 강까
지 올라오기도 해. 늦가을부터 이듬해 봄 사이에 강과 바다가 만나는
곳의 암초 사이에 알을 낳고, 태어난 새끼는 강으로 올라왔다가 이듬
해 가을에 다시 바다로 돌아가는 거지.

사람에게 이로운 물고기

농어는 옛날부터 사람에게 복을 주는 물고기로 알려졌어.

옛날 중국 주나라 무왕이 온 중국을 통일하려고 바다를 건넜대. 그때
커다란 농어 한 마리가 튀어 올라 배 위에 떨어졌다지. 좋은 일이라
고 느낀 무왕은 바다를 건너가 결국 중국을 통일했다고 해.

또, 농어는 몸에도 좋아서 약재로도 많이 쓰여. 옛날 바닷가에 살던

사람들은 엄지손톱만 한 농어 쓸개를 처마 밑에 매달아 놓고 배가 아
플 때 약으로 먹었대.

뛰어난 맛으로 유명해

농어는 여름에 우리나라 근처 바다에서 많이 나지만, 민물도 좋아해
서 강에서도 곧잘 잡혀.

5월에는 농어가, 6월에는 숭어가 제맛이라 하여 '오농육숭(五農六
崇)'이라는 말까지 있을 만큼 맛이 좋기로 이름났지. 특히 회로 먹으

면 더욱 맛있어.

농어의 뛰어난 맛에 얽힌 이야기도 있어.

중국 춘추 시대에 제나라에서 큰 벼슬을 하던 장안이라는 선비가 있었어. 이 선비가, 어느 여름날 문득 고향인 오나라 송강에서 먹던 농어회 맛이 못 견디게 그리워 벼슬을 그만두고 고향으로 돌아가 버렸대. 워낙 뛰어난 사람이라서 임금이 여러 번 말렸지만, 농어회 맛을 잊지 못한 이 선비는 부귀영화를 다 뿌리치고 농어를 먹으러 집으로 가 버렸다지 뭐야.

농어

- **다른 이름** : 농에, 능에, 깔대기, 깡다구, 까지매기, 연어병치, 독도돔, 절떡이, 깔따구, 껄떡이 등
- **갈래** : 농어목 농엇과
- **먹이** : 새우나 조개, 작은 물고기를 잡아먹는다. 특히 멸치를 잘 먹어서, 봄, 여름이면 멸치 떼를 쫓아 가까운 바다로 몰려온다.
- **음식** : 여름이 제철인 농어는 살이 희고, 자랄수록 맛이 좋다. 지리, 찜, 회 따위를 해 먹는다.